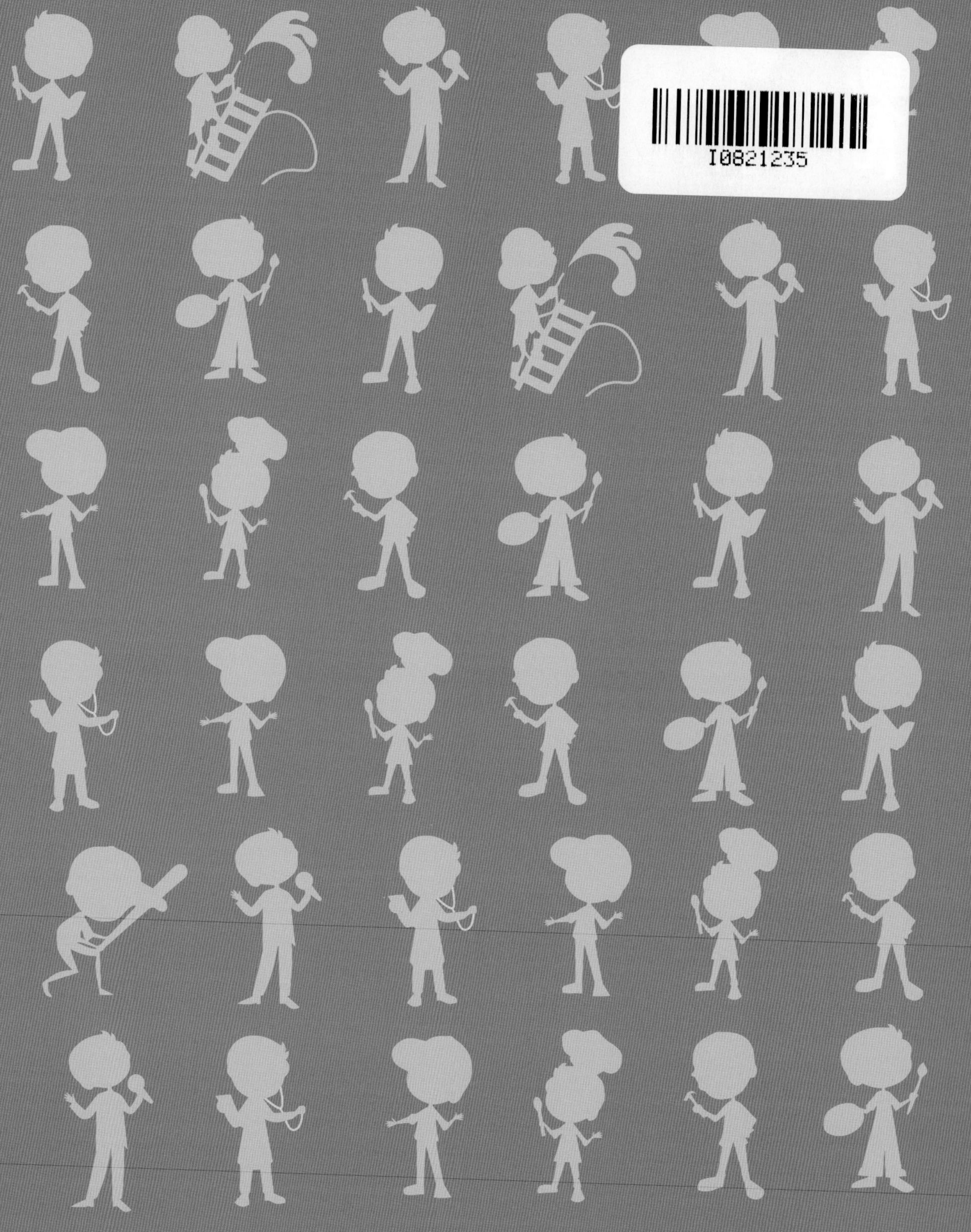
I0821235

Spanish translation edited by Arlette de Alba

Additional artwork © Shutterstock 2024 Dualororua; Net Vector

Published by Sequoia Kids Media,
an imprint of Sequoia Publishing & Media, LLC

Sequoia Publishing & Media, LLC,
a division of Phoenix International Publications, Inc.

8501 West Higgins Road, Chicago, Illinois 60631
34 Seymour Street, London W1H 7JE
Heimhuder Straße 81, 20148 Hamburg

CustomerService@PhoenixInternational.com

www.PhoenixInternational.com

Library of Congress Control Number: 2024943272

ISBN: 979-8-7654-0982-4

Escrito por Kim Mitzo Thompson y Karen Mitzo Hilderbrand
Ilustrado por Iesha Wright

An imprint of PHOENIX International Publications, Inc.

Cuando crezca, tal vez
sea un maestro

o un médico.

Cuando crezca, tal vez
sea un artista

o un cantante famoso.

Cuando crezca, tal vez
sea un piloto

o un bombero.

Cuando crezca, tal vez
sea un camionero

o un obrero de la construcción.

Cuando crezca, tal vez
sea comerciante en una tienda

y venda los mejores
juguetes del mundo.

Cuando crezca, tal vez
sea un cocinero

o un famoso
beisbolista.

Cuando crezca,
no sé lo que seré.

Tengo solamente siete
años. ¡Decidiré mañana!

Las palabras que he aprendido

artista

bombero

camionero

cantante

cocinero

comerciante

beisbolista

maestro

médico

obrero de la construcción

piloto